AF250401

Oc
1391

LA
RÉPUBLIQUE
ESPAGNOLE

ET LE

PRINCE DES ASTURIES

PARIS
IMPRIMERIE TOWNE ET VOSSEN
9, RUE D'ABOUKIR, 9

—

1869.

LA RÉPUBLIQUE ESPAGNOLE

ET LE

PRINCE DES ASTURIES

1

LE DRAME SE CORSE

Cadix a été ensanglantée par un combat à outrance. Port-Sainte-Marie, Malaga, soulevées au cri de liberté, viennent d'être mises en état de siége par le général Caballeros de Bordas.

Montpensier intrigue et se cache on ne sait où. Il est aussi impalpable que ses droits.

Don Carlos cherche à emprunte des millions pour soutenir la guerre civile.

— Il circule, au sujet de ce roi fantôme, une histoire |qui ferait honneur à son esprit inventif si elle était de son crû :

Isabelle II abdiquerait en faveur de don Carlos; on marierait le prince des Asturies à la fille de don Carlos (Il n'y plus d'enfants, mon Dieu !) et don Carlos abdiquerait ses prétendus droits, — prétendus est le mot, — en faveur de son gendre, le prince des Asturies.

Voyez-vous cet imbroglio.

Ne serait-il pas plus simple, si elle tient à se rapprocher de son beau cousin, en déclarant nulle la pragmatique sanction du 29 mars 1830 qui la reconnût comme seule héritière de

Ferdinand VII, que la reine Isabelle abdiquât en faveur du prince des Asturies qui épouserait la fille de don Carlos, lequel, trop heureux d'avoir un pied sur le trône dans la personne de sa fille, se désisterait *par écrit* de ses prétentions.

Mais ceci est ce qu'on appelle vulgairement un *canard*. Passons outre.

On parle d'Espartero comme président de la république.

Les partisans du prince des Asturies lèvent haut la tête.

Les carlistes conspirent au nord, les républicains au sud.

Et si les membres du gouvernement provisoire s'occupent du bien du pays, ils le font en famille. Personne n'y voit goutte.

Le moment approche cependant où la grande question va se décider. Devant la surexcitation extrême des esprits, nous craignons que la diplomatie n'ait rien à faire là dedans et que l'affaire ne se règle à coups de fusils.

L'Espagne qui depuis si longtemps titube dans le chaos, finira par s'y laisser choir et, comme elle ne voit pas plus clair qu'un buveur alcoolisé au centième degré, elle pourrait fort bien se casser les reins, ce qui la gênerait pour se relever.

II

La guerre civile ! voilà ce que rêvent pour l'Espagne les hommes qui veulent son bonheur.

Ils l'auront, et elle sera plus épouvantable encore que celle qui ensanglanta les premières années du règne d'Isabelle II.

Dans ce siècle de corruption et d'ignominie il était réservé aux princes d'Orléans et de Bourbon, d'être encore plus corrompus et plus immondes que le siècle.

Noblesse oblige.

Ceux qui ne se déshonorent pas par leurs actes, se déshonorent par leur plume.

Quelques-uns perdent leur honneur par tous les pores.

Un sieur Henri de Bourbon a écrit ces jours derniers au gouvernement provisoire de Madrid une longue lettre, où le cynisme s'allie à l'emphase le plus grotesque. Il se dit républicain ; il prétend avoir toujours dans son âme cet amour de la justice et de la liberté qui seul devrait faire battre le cœur de ceux qui combattent avec l'épée ou l'idée pour le bien et le bonheur des peuples. Il termine sa lettre en demandant qu'on lui permette de rentrer en Espagne avec son titre de vice amiral.

Reprendre un grade qu'on a perdu par ses bassesses et ses parjures ; de vil aventurier passer tout à coup vice-amiral.... c'est ce qui s'appelle aller vite en affaire.

Si les républicains d'Espagne n'ont dans leurs rangs que des champions du caractere et du cœur de don Henri de Bourbon, ils risquent fort de passer pour une bande de coupe-jarrêts.

On se souvient, Monsieur Henri de Bourbon, de vos trahisons et des fusillades du Carral.

Vous n'êtes pas républicain alors.

On se souvient dn fameux manifeste publié par vous en 1848 contre Isabelle II, aux genoux de laquelle vous vîntes bientôt implorer lâchement votre pardon.

On se souvient de vos pamphlets de 1867 et de 1868 ; on se redit que vous venez encore une fois de demander grâce à votre royale belle-sœur. Et si l'on ne savait déjà quel cas on doit faire de certains princes de la maison de Bourbon, votre conduite suffirait à les faire vouer à l'exécration publique.

Voilà donc ce que la Révolution espagnole a fait éclore :

Des prétendants dont Borgia ne désavouerait pas la paternité ;

Des intrigues dont l'odieux n'a d'égal que la cynique audace ;

Des factums écrits avec des plumes trempées dans la boue ;

Des égorgements, des lâchetés, des parjures.

Devant cette terrible situation, devant cette guerre civile imminente, devant ce bouleversement général d'un pays qui fut si glorieux et si grand;

Sur les débris de ce passé inscrit en lettres d'or dans les fastes de l'histoire du monde ; en face de cet avenir gros de tempêtes, on arbore un drapeau :

Le drapeau de l'anarchie !

On jette un cri :

La république !

La république... le dernier coup de couteau à donner dans le sein de cette malheureuse Espagne qui se débat dans les convulsions de l'hydrophobie entre les bras des traîtres qui l'ont mordue pour en sucer le sang !

Quels sont les hommes qui poussent les cris les plus furieux, dont la voix perce au milieu de ce lugubre et épouvantable tohubohu ?

Ceux qu'Isabelle a gorgés d'or et d'honneurs, ceux qu'elle a tirés du néant pour les élever à un rang auquel ils n'auraient jamais osé prétendre ; ceux qui, las d'être comblés de bienfaits, trouvent que le temps est venu d'être ingrats.

On craint ceux qui font le mal ; on se moque de ceux qui font le bien.

Écoutez-les crier, ces ex-royalistes, jadis plus royalistes que la Reine, et qui seuls sont coupables des fautes qu'on reproche à celle qui fut assez faible pour se laisser dominer par leurs astucieux conseils.

L'Espagne est lasse de la royauté. Elle comprend qu'elle a trop longtemps courbé le front sous le joug ; qu'il est honteux d'être esclave quand on peut vivre en peuple libre.

III

La France, la nation forte et brave par excellence, la France où seulement la république pourrait être possible, parce qu'elle y a un passé ; la France qui toujours a marché en tête du mouvement européen, portant haut le drapeau du progrès, eut honte, elle aussi, un jour d'obéir à un seul homme, et, pour venger dix siècles opprimés, elle fit quatre-vingt-neuf ! Son amour de la liberté était d'autant plus fort, que l'oppression avait été plus grande.

Elle démolit la Bastille, elle guillotina son roi, sa reine, ses princes, ses grands hommes. Elle vainquit l'Europe monarchique coalisée contre la nation libre. Ses citoyens s'entretuaient à l'intérieur par la main du bourreau, pendant que ses soldats allaient mourir aux frontières.

C'était un enthousiasme patriotique mêlé de cris de sang et de terreur !

C'était la guerre civile au dedans, la gloire au dehors !

C'était le génie se vautrant dans la débauche.

C'était la Liberté se débattant entre les mille bras de la boueuse anarchie !

Que sortit il de cet amas de sang, de boue et de grandeur ?

Un homme vint dont le regard d'aigle embrassa en un instant cette terrible situation. Il la comprit, car il avait du génie. Il se dit que pour dompter tous ces hommes, toutes ces idées et toutes ces fougues il ne fallait qu'une volonté de fer.

Il eut cette volonté.

Cet homme était un Corse ; il s'appelait Napoléon Bonaparte.

On le nomma consul pour dix ans... il fut consul à vie... et se fit empereur des Français !

Et la nation qui avait tant versé de sang pour s'appeler nation libre, trembla pendant douze ans sous les pieds de cet homme qu'elle vénérait à l'égal d'un Dieu.

Il tomba... les autres revinrent.

Le frère du roi guillotiné prit la place de Napoléon sur le trône de France. Il fut acclamé comme un père, comme un libérateur et, à sa mort, son frère lui succéda.

Une seconde Révolution chassa une seconde fois les Bourbons du trône de Charlemagne.

Louis-Philippe d'Orléans vint s'y asseoir pour en descendre piteusement dix sept ans plus tard.

La France avait eu une fois encore horreur de son esclavage. Elle avait eu les fusillades de Louis XVIII, les hontes de Charles X., les ignominies de Louis-Philippe.

Ç'avait été une chose immonde que les dernières années du règne de ce d'Orléans. Chacun, monarque, ministres et hauts fonctionnaires, n'avait songé qu'à arrondir sa bourse au détriment de la fortune publique.

La France était devenue un Lupanar dans une caverne de contrebandiers.

Elle devait en avoir assez de la royauté.

Elle se fit encore une fois république.

On se fusilla jour et nuit dans les provinces comme sur les barricades de Paris.

On nomma un Président de la république.

Ce fut le prince Louis-Napoléon Bonaparte.

Cela devait être. Chaque fois qu'un trône tomba ou que la république fût proclamée en France, ce fut un prince qu'on appela à la lieutenance générale du royaume ou à la présidence de la république.

Le neveu du martyr de Saint-Hélène se souvint que son oncle avait jadis porté une couronne d'empereur. Il l'avait souvent réclamée sans succès. Cette fois il se trouvait à portée de la toucher.

Il la prit... ou se la fit donner.

Et lorsqu'il passa, une fois l'affaire finie, sur les boulevards de sa capitale, chamarré, couvert d'or, à la tête de son état-major, on cria : Vive l'Empereur! Comme on avait quatre ans auparavant crié vive la république!

Pourquoi?

Parce que la France n'était pas et n'est pas encore faite pour être république, pas plus que l'Espagne ne l'est aujourd'hui.

C'est que la France, si on peut s'exprimer ainsi, a encore la nostalgie du trône.

Ce n'est pas nous qui parlons, ce sont les faits à qui on ne peut donner un démenti.

IV

Ce qui est vrai de la France est vrai pour l'Espagne. L'Espagne est essentiellement monarchique.

La péninsule ibérique ne demeurera pas plus république après l'expulsion des Bourbons, si expulsion il y a, que l'Angleterre ne le fut après le supplice de Charles Ier, la France après la mort de Louis XVI et la chute de Louis-Philippe.

Vous ne ferez pas une royauté d'une république. Vous ne ferez pas une république d'une royauté.

La France n'a pu conserver un gouvernement républicain, et pourtant, elle, qui aime le grandiose et l'héroïque, ne pouvait reprocher à la république de n'avoir pas assez accompli pour sa gloire et son ambition.

La Révolution de 89, malgré ses crimes et ses fautes, avait fait le peuple de France plus grand que le peuple romain.

Mais un peuple, soucieux avant tout de sa prospérité et de sa dignité, sait que la paix et l'union sont les bases fondamentales d'un heureux avenir, et après avoir donné pendant les jours exaltés d'une révolution, libre essor à son imagination et à son courroux, brisé par son effervescence enthousiaste, il renaît à la raison en revenant au calme.

Ainsi un orateur, emporté par la chaleur de l'improvisation, par des convictions sincères, la grandeur de son sujet, et l'amour de son parti, se radoucit au souffle tiède de la réflexion, et laissant son esprit suivre paisiblement la marche d'une logique qui calcule tout pour obvier à tout, fait des concessions aux idées mêmes qu'il combattait le plus violemment tout à l'heure.

L'Espagne n'a jamais connu la république. Elle ne sait pas ce que c'est. Qui dit qu'elle en veut?

L'Espagne république !

Elle me ferait l'effet d'un homme qu'on aurait transporté à Pékin pendant un sommeil bourré de cauchemars et qui se réveillerait dans les murs de la capitale de la Chine.

Elle serait fort embarrassée...

Elle a ses traditions ; elle n'en sortira pas.

Elle a ses rois ; elle les gardera.

Qu'elle demande à sa Révolution des lois nouvelles, des libertés, une Constitution, c'est son droit, son devoir, c'est ce qu'elle fera.

Mais elle ne demande pas de république.

Qui la demande pour elle ?

Les gens qui savent que le meilleur moyen de mener à bonne fin leurs affaires est de gâter celles de leur pays.

Les républicains et les progressistes concluront une alliance pourvu :

Que les républicains acceptent le candidat au gouvernement suprême proposé par les progressistes, à la condition que ce candidat ne prendra pas le pouvoir comme roi, mais comme président à vie.

Et l'on a crié : vive Espartero !

Quel est ce gâchis ?

Des républicains acceptant *un gouvernement suprême !*

Alors ils ne sont pas républicains.

A la condition que ce candidat ne prendra pas le pouvoir comme roi, mais comme président à vie.

A ce compte-là, une république est impossible.

Soyons logique.

La république avec un président à vie, ce sont tous les pouvoirs concentrés dans la main d'un seul homme. C'est une royauté moins le prestige qui s'attache, on ne sait pourquoi, à ce titre de roi né avec le monde, plus les troubles civils inséparables de la nomination de tel ou tel candidat patroné par une caste et appelé au pouvoir au préjudice d'autres candidats de castes différentes.

Et en Espagne on compte autant de castes que de provinces.

Les progressistes et les républicains mettent le maréchal Espartero en avant. Il est vieux, il n'a pas d'enfants. On n'aura donc à craindre aucune de ces luttes qu'amènent les revendications d'héritage et de succession.

Espartero a un pied dans la tombe. Les ambitieux qui lui céderaient la place momentanément n'auraient pas longtemps à attendre.

A sa mort, un autre vieillard passerait à son tour président à vie.

Ainsi de suite, de sorte que tous les vieillards d'Espagne plus ou moins lancés dans la vie politique, pourraient goûter chacun un petit moment de souveraineté,

Ceci est fort drôle et fort bien imaginé.

Nous le considérons comme une simple plaisanterie, un lever de rideau donné pour faire attendre la grande pièce :

La restauration du trône avec son roi légitime.

Autre chose est de commander à une armée; autre chose est de gouverner une nation.

Le cerveau de l'ancien régent d'Espagne nous semble tant soit peu ramolli. Ses prétentions n'émanent pas d'un cerveau sain.

On oppose à la candidature du jeune prince des Asturies la raison qu'il lui faudrait une régence, « c'est-à-dire tous les inconvénients et toutes les éventualités dangereuses d'une minorité. »

Mais le vénérable Espartero ne serait pas depuis quinze jours président de la république espagnole qu'il achèverait de perdre la tête !

Il lui faudrait une régence ou une tutelle.

Pendant que le jeune prince grandirait chaque jour en sagesse, en expérience, se mûrirait, comme aux rayons d'un soleil générateur, aux conseils d'hommes éminents connaissant les besoins, les aspirations du pays et le moyen de les satisfaire en donnant une juste mesure au pouvoir comme à la liberté, le vieux soldat tomberait de plus en plus dans l'impuissance. Aux paroles de ses conseillers il répondrait par des radotages.

Ce serait une masure en ruines sur un rocher tremblant.

Non, encore une fois, tout cela n'est pas sérieux.

V

Ce que l'Espagne veut, c'est le rétablissement de la monarchie.

Et pourquoi dirions-nous le rétablissement? Disons la continuation de la monarchie.

Isabelle est toujours reine. Elle le sera tant que la nation ou les Cortès n'auront pas proclamé sa déchéance, déchéance qu'ils ne prononceront jamais.

La fille de Ferdinand VII n'a pas été bannie d'Espagne ; elle en est sortie volontairement. « Elle a préféré, quelqu'un l'a fort bien dit, elle a préféré, en s'éloignant, permettre à son peuple de juger enfin à l'œuvre les hommes qui se prétendent seuls capables de régénérer et de moraliser la nation. »

La nation a déjà pu les juger ; et ses regards inquiets se tournent du côté de la France, vers sa Reine qu'elle n'a jamais cessé d'aimer depuis le jour où librement elle la salua comme l'héritière de ses rois.

Nous n'avons pas à faire ici l'histoire du règne d'Isabelle II. La Reine est pure de tout parjure et de toute trahison. Elle n'a jamais failli à son rôle constitutionnel.

C'est avec le sentiment de sa droiture, avec sa conscience pour seule arme, qu'elle attend des événements vérité et justice.

La reine Isabelle espère remonter sur son trône. Le pouvoir a pourtant été pour elle un bien pesant fardeau, une amère jouissance. On prend en dégoût, autant que la misère, les grandeurs lorsqu'on n'a trouvé au milieu d'elles que malheurs et déceptions. Isabelle II a été abreuvée d'amertume. Elle a répandu autour d'elle les dons et les bienfaits; elle n'a récolté que l'ingratitude et la trahison; volontairement exilée, elle porte dignement son infortune : c'est la meilleure victoire qu'elle puisse remporter sur ses ennemis.

Oui, elle espère et veut remonter sur son trône, non par

avidité de ce pouvoir suprême dont elle est lasse, mais par
ce qu'elle a un devoir à accomplir, une cause à faire triom-
pher.

Elle retournera en Espagne, une fois la lumière faite sur
sa conduite et les crimes des autres. Elle rentrera fièrement
dans Madrid, approuvant tous les faits accomplis, mais faisant
d'autres concessions que celles qui ne seront pas incompati-
bles avec sa dignité. Fidèle à son rôle de reine catholique,
elle tiendra haut et ferme le drapeau de sa foi! La religion
catholique sera seule la religion de l'Espagne. Nulle autre ne
sera tolérée.

L'Espagne sera *une* dans sa foi comme dans son patrio-
tisme et sa fidélité à la couronne!

Ceci choque certains hommes et certaines idées. Il ne peut
en être autrement.

Isabelle régnera aux conditions qu'elle donnera et non à
celles qu'on voudrait lui imposer.

Si ce n'est elle-même qui triomphe pour n'avoir pas voulu
renier entièrement son passé, la cause de sa dynastie triom-
phera quand même.

Isabelle tient dans ses bras son enfant et le montre à son
peuple en lui disant : « Voici ton roi! L'enfant que tu as
acclamé à sa naissance comme tu m'adoptas jadis à mon ber-
ceau, et que je te lègue, afin qu'il te prouve un jour que si
moi, femme, régnant mais ne gouvernant pas, je me suis
laissée tromper en croyant faire le bien, le sang de tes rois
n'a pas dégénéré. Il sera homme un jour. Il est de forte race.
Il portera noblement la couronne et vaillamment l'épée. Il
sera ton roi et ton soldat! »

Voilà ce que dit la Reine à son peuple. Et le peuple, ter-
rifié par les sanglantes scènes de Sainte-Marie, de Cadix et
de Malaga, n'ose parler tout haut, mais applaudit tout bas.

Le prince des Asturies roi d'Espagne!

Ce serait la restauration du pays, la fin de l'anarchie, de
la guerre civile, la mort de l'intrigue, un soleil radieux res-
plendissant sur cette belle terre si longtemps tourmentée par
l'orage.

Que veulent ces hommes au passé sinistre et sanglant ?

Espartero, qui a plus tué d'Espagnols dans sa vie pour *pacifier* le royaume que l'Inquisition n'a fait tomber de têtes pour la gloire de Dieu?

Serrano, encore pourvu de son brevet d'incapacité et les mains souillées du sang de Novaliches?

Montpensier, traître à sa bienfaitrice et qui, le premier en France, à la chute de Louis-Philippe, cria : Sauve qui peut! et s'enfuit lâchement en abandonnant dans le palais des Tuileries sa femme en chemise?

Don Carlos, fils et petit-fils de deux aventuriers, aventurier lui-même !

Le prince des Asturies, outre sa légitimité, a un grand mérite sur ces prétendants incompris et incompréhensibles.

Il n'a pas de passé : il a l'avenir.

Il naît. C'est un enfant. C'est le roi qu'il faut à l'Espagne.

Un prétendant quelconque apporterait sur ce trône ses idées, ses haines, ses amitiés, ses vengeances, ses défauts et ses vices. Il serait (sauf le dévouement sincère de ses partisans à gages) estimé de quelques-uns, méprisé de beaucoup d'autres. Il ne serait aimé de personne.

Le fils d'Isabelle II apportera son nom et son innocence. Il arrivera jeune dans une Espagne nouvelle, dont il pourra, sans renier des actes qu'il n'a pas accomplis, consacrer tous les principes.

Ne sachant rien du bien et du mal, deux choses, — telles que les comprennent les hommes, — sombres encore dans son intelligence enfantine; ignorant l'ambition, les intrigues, l'esprit de parti, il viendra avec un cœur vierge dans lequel, pour les récolter, on n'aura qu'à semer le germe de toutes les vertus.

Point n'est besoin de parler ici de ses droits, qui sont indiscutables.

Il est inutile aussi de répéter que son avénement est le seul possible, le seul qui puisse être profitable au pays, à son commerce international, à son industrie naissante, à sa fortune.

Chacun sait cela ; ceux qui ne veulent ou n'osent pas le dire tout haut le pensent tout bas.

Reste à savoir qui serait régent ou à la tête de la régence.

L'homme qui a toutes les chances de réussir auprès des Espagnols , on l'a déjà souvent nommé, c'est le général Prim, comte de Reuss, marquis de Castillejos.

Ce n'est d'ailleurs pas un secret pour nous que la reine Isabelle, si l'accord ne pouvait se rétablir entre elle et son peuple, serait disposée à abdiquer en faveur du prince des Asturies avec la régence du comte de Reuss, et que le prince et régent seraient patronés en très-haut lieu.

La carrière de Prim est une de celles qui honorent leur homme. Parti de bas, il est monté bien haut.

Il doit tout à Isabelle II. S'il s'est révolté, lui aussi, ce n'est pas contre le trône, mais contre ses perfides conseillers. Il se souvient des bienfaits de la Reine. Soldat patriotique avant tout, ennemi juré de l'esprit de parti, détesté poar cela de tous les intrigants, de toutes les coteries, il est aimé de son pays, dont il est l'espoir.

Le prince des Asturies sur le trône, avec un tel homme pour régent ou à la tête de la régence, ce serait l'Espagne tranquille et florissante, glorieuse et respectée, en attendant que le royal enfant devenu homme et roi modèle, la fasse grande comme la rêvait Charles-Quint.

D'ailleurs, les élections, malgré les intrigants et les braconnages de Don Carlos, vont bientôt avoir lieu. Si la question n'est pas vidée d'ici là, si les Cortès constituantes sont appelées à se prononcer sur le sort de l'Espagne, voici quel sera le résultat des votes :

1° La Reine, ou le prince des Asturies avec la régence du général Prim. . . . . 14/20mes

2° La République. . . . . 3/20mes

3° Don Carlos. . . . . 2/20mes

4° Montpensier . . . . 1/20me

On parle toujours de fusion...

Une fusion quelconque amènerait dans les votes des Cortès un résultat contraire.

Qu'en disent les Espartero, les Prim.... et autres ?...

A. DUMON.